めんどうな日でも作りたくなる

極上パスタ

Chef Ropia

小林諭史

KADOKAWA

はじめに

　アルプスの山々を望む長野市篠ノ井。自然に恵まれたこの地に、私シェフ・ロピアこと小林諭史がオーナーシェフをつとめる「リストランテフローリア」があります。「おいしいイタリアンを提供したい」という想いで、2013年に店をオープン。以来、「料理は0.1の積み重ね。一発逆転はない」と自分に言い聞かせながら、毎日、厨房に立っています。

　それから1年後、2014年11月に動画サイトYouTubeで、クッキングチャンネル「Chef Ropia」をスタート。家庭で作れる本格的なイタリアンのレシピをはじめ、おすすめの調理器具やまかない料理など、みなさんにおいしいイタリアンを紹介すべく、さまざまな動画を投稿しています。これからもイタリア料理のシェフとして視聴者さんたちと一緒に、単純に見て楽しいチャンネルを作っていきたいと思っています。

　動画の中で特に好評なのが、パスタの作り方。「今すぐ作ってみたくなる！」「説明がビギナーにもわかりやすい」などのコメントをいただきます。そこで、この本ではパスタを中心に紹介しようと考えました。しかもフライパンひとつで作れる「ワンパンパスタ」です。僕からひとつアドバイスするとしたら、まずはレシピどおりに作ってほしいということ。調理工程のひとつひとつをきちんとやることは、おいしい料理を作るうえで大切です。ちゃんと計量をし、加熱時間を守って作ってみて、そのうえで、味やゆで加減などをアレンジする。本にどんどんメモをして、自分好みのレシピに変えてかまいません。そうするうちに、料理がどんどん楽しくなっていくはず。この本が、その助けになったらうれしいです。

シェフ・ロピアはこんな人！
失敗を恐れず、興味を持ったことにどんどん挑戦していく姿に、いつも刺激を受けます。尊敬できる自慢の上司であり、よきパートナーです（325さん／ドルチェ担当）

シェフ・ロピアはこんな人！
とても働きやすい環境を作ってくれます。そして、何かやりたいときに背中を押してくれる人です（まつこさん／ドルチェ担当）

シェフ・ロピアはこんな人！
行動力があってカッコよく、尊敬する存在。一緒に調理場に立つことを「楽しい！」と思わせてくれます（南條くん／スーシェフ）

Contents

2　はじめに

6　プロの味が驚くほどカンタンに！　Ropia流ワンパンパスタ

8　この本の使い方／材料について

9　基本の調理

PART 1

Chef Ropia発
ワンパンでできる
人気パスタ11

10

12　お肉がうまい！　スパゲティ ボロネーゼ

14　粉チーズで仕上げる　豚ひき肉とアスパラのラグーソースパスタ

16　香りがたまらない！　きのこのバターしょうゆパスタ

18　ヘルシー野菜いろいろ　ペンネのミネストローネ風

20　きのこたっぷり！　鶏肉のカッチャトーラ風パスタ

22　プチプチがクセになる　たらこときのこのクリームパスタ

24　贅沢シーフードの　スパゲティ ペスカトーレ

26　ソースのからみ抜群　マッシュルームとアスパラのクリームフェットチーネ

28　スープもおいしい♡　あさりとほうれん草のクラムチャウダー風パスタ

29　やさし〜い味わい　野菜と豆乳のクリーミーパスタ

30　シーフード3種入り！　魚介のラグーパスタ

PART 2

具材3つの
シンプルパスタ11

32

34　勝手に乳化、パサパサしない　ラクうまペペロンチーノ

36　とろ〜り卵の　和風かま玉チーズパスタ

38　バジルが香る　パスタマルゲリータ alla Hidaka

40　やみつき必至！　トマトカルボナーラパスタ

42　色よし、味よし　小えびのブロッコリーソースパスタ

44　カフェみたいにおしゃれ！　ゴルゴンゾーラと生ハムのクリームパスタ

46　「みそ」がうまさの決め手　チキンとしめじのみそクリームパスタ

48　甘酸っぱくてクセになる！　フレッシュトマトとしらすのパスタ

50　パパッと完成　ハムとチーズのクリームパスタ

51　カリカリ感が絶品！　ナッツとベーコンのペペロンチーノ風

52　ジューシーなかきが絶品　かきと水菜のオイルパスタ

53　*column*　僕とYouTube

デザイン／内村美早子（anemone graphic）
撮影／赤石仁
スタイリング／林めぐみ
DTP／山本秀一、山本深雪（G-clef）
校正／文字工房燦光
編集協力／三浦良江

PART 3

10分で完成!
すぐうま缶詰パスタ8

54

56 さば缶で間違いないうまさ! さばみそ缶の和風パスタ

58 炒めたコーンの甘さにほっこり コーンとブロッコリーのクリームパスタ

60 おいしくならない理由が見つからない ツナときのこの木こり風パスタ

62 ごちそうパスタがクセになる味! かに缶のトマトクリームパスタ

64 コクたっぷり! うまみもたっぷり! いかとアンチョビのオイルパスタ

66 おなじみ鮭フレークで作る サーモンクリームパスタ

68 味つけラクラク さんまかば焼き缶と玉ねぎのオイルパスタ

69 こってり好きにはたまらない かにみそのチーズクリームパスタ

70 *column* 僕の大切な人たち

PART 4

味つけも作り方も
ミニマムに!
肉と魚のメイン料理10

72

74 放っておくだけ♪ 炊飯器で簡単ローストビーフ

76 お店の味で子どもも喜ぶ! 豚肩ロースのソテー オレンジソース

78 焼きたてが最高! 豚バラ肉とじゃがいものカリカリ焼き

80 皮がパリッパリ 若鶏のディアボラ風

82 照り照りでコクうま♪ 手羽元のバルサミコ煮込み

84 手軽で豪華! かさごのアクアパッツァ

86 生トマトのフレッシュなソースで 真鯛のケッカ風ソテー

88 えびのうまみ凝縮! 赤えびの白ワイン風味

90 皮が香ばしい 白身魚と野菜のムニエル

91 手早くできる! ほたてとあさりのペペロンチーノ風

PART 5

お店の味を
再現できる!
前菜&ドルチェ10

92

94 楽しみ方いろいろ♪
イタリアンサラダ〜 3種のドレッシングで〜

96 味つけはシンプル、だけどプロの味 まぐろとアボカドのサラダ仕立て

97 ミキサーいらずがうれしい! 残り野菜のポタージュ

98 味つけは塩と牛乳だけ 基本のポテトサラダ

99 Arrange イタリアンポテトサラダ／ポテサラスノーボール

100 中はし〜っとり パンとモッツァレラのカリカリ焼き

102 大満足のかためのプリン 濃厚イタリアンプリン

104 「ホロッ」「さくっ」がくせになる スノーボールクッキー

106 簡単なのにリッチな生チョコ風 チョコレートサラミ

108 混ぜて固めるだけ! 自家製ソースのパンナコッタ

110 食感はとろけるように軽やか メレンゲアイス

111 おわりに

プロの味が驚くほどカンタンに！
Ropia流ワンパンパスタ

誰でも気軽に、
失敗なく作れますよ！

「ワンパンパスタ」とは、ひとつのフライパンだけで調理できるパスタのこと。ふつうは、鍋にたっぷりの湯を沸かしてパスタをゆで、フライパンで具を炒めたり、別にソースを作ったりし、合わせて完成させます。

ところが「ワンパン」なら、パスタをゆでるのも、具を炒めるのも同じひとつのフライパンでOK。アーリオ・オーリオのようなオイル系はもちろん、ペスカトーレなどのトマト系、カルボナーラなどのクリーム系もできます。ひとり暮らしの人や料理のビギナーにおすすめで、「めんどうで作りたくないな……」というときにもピッタリ！まずは基本のプロセスを紹介します。

ワンパンパスタの基本の道具と材料

鍋もざるも不要！

フライパン
1人分用で直径約26cm。深さがあるもの。

トング
なければ菜箸やへらで代用。

スパゲティ
1人分100g。今回は、ゆで時間7分のものを使用（ゆで時間がほぼ煮込み時間になるので、ゆで時間が異なるものを使う場合は煮る時間を加減してください）。

作り方は、覚えやすい3ステップ！

Step 1 具を炒める

はじめにオリーブオイルで香味野菜を炒めて香りを引き出し、次に肉や硬めの野菜など、火の通りにくいものを炒めます。

Step 2 水とスパゲティを加えて煮る

7分ゆでスパゲティ100gに対して、水の量は250mℓが基本。水を注ぎ、スパゲティはフライパンに入るように半分に折って加え、レシピの時間どおりに煮ます。

※水と一緒に、トマト系パスタの場合はトマトソース（P9参照）を、クリーム系パスタの場合は生クリームを加えます。

Step 3 味を調えれば完成！

味をみて、足りなければ塩などで調えます。もしもスパゲティが硬ければ、水を少し足して好みの状態になるまで煮てください。

できあがり！

オイル系　トマト系　クリーム系

この本の使い方

◎ ワンパンパスタの材料は1人分です（2人分を作る場合は、
直径27〜28cmほどの大きめのフライパンを使用し、材料を2倍にしてください）。
パスタ以外の料理は約2人分、ドルチェは作りやすい分量です。
◎ 計量は、はかりを使って正確に行いましょう。
計量カップとスプーンを使用する場合は、1カップ＝200ml、大さじ1＝15ml、小さじ1＝5mlです。
◎ 火加減は、特に表示がない場合は中火が原則です。
◎ 野菜類は洗う、皮をむくなどの下処理を行ってからお使いください。

材料について

パスタ

ゆで時間が7分のスパゲティ、平たいフェットチーネ、ショートパスタのペンネの3種類を使いました。ゆで時間が異なるものを使う場合は、レシピの煮込み時間が変わるので気をつけてください。

オリーブオイル

加熱調理にはピュアオリーブオイル、仕上げやドレッシング作りにはエキストラヴァージンオリーブオイルを使用しました。風味が異なるので、できれば2種類用意しておくといいでしょう。

トマト缶

「酸味をとばすにはどうすればいいの?」とよく聞かれますが、製品によって味が異なるので、いくつか試して自分好みのものを見つけるのがいちばん。レシピではカットトマト缶を使いましたが、ホールトマト缶をつぶして使ってもかまいません。

生クリーム

無脂乳固形分5%、植物性脂肪分40%を使用しましたが、これは業務用なので、手に入りやすいものでかまいません。

塩

精製された塩より、ミネラル分が多く含まれている自然塩がおすすめ。今回はイタリア・シチリア産の海塩を使用しました。

その他

こしょうは、できれば粒こしょうを用意し、ミルでひいてひきたてを使うのがいちばんです。ミルがなければ丈夫なポリ袋や紙袋に入れ、空きビンなどでたたきつぶしてもOK。
野菜類は鮮度のよいものを選びましょう。トッピング用のハーブ類は、なければ使わなくても大丈夫です。

【 にんにくの切り方 】

にんにくは「包丁の腹でつぶす」→「スライス（薄切り）」→「アッシェ（みじん切り）」の順に香りが強くなります。
レシピでは「アッシェ」がほとんどですが、好みの切り方に変えてもかまいません。

つぶす	スライス	アッシェ
にんにくに包丁の腹をのせ、手を当てて押しつぶす。	縦半分に切って芯と芽を取ったあと、端から薄く切る。	スライスしたものを細切りにし、90度向きを変えて細かく切る。

【 トマトソースの作り方 】

カットトマト缶で作るシンプルなソースです。
冷蔵で1週間ほど保存でき、冷凍も可能。もちろん市販のトマトソースを使ってもOK！

材料（作りやすい分量）

- トマト水煮缶（カット）… 1缶(400g)
- にんにく … 1かけ
- 玉ねぎ … 1/4個
- オリーブオイル … 40㎖
- 塩 … 3g
- こしょう … 少々

作り方

1　にんにく、玉ねぎはみじん切りにする。

2　鍋（フライパンでもOK）にオリーブオイルとにんにくを入れて火にかける。

3　にんにくが色づいて香りが出てきたら、玉ねぎを加えて油になじませ、軽く塩（分量外）をふる。

4　さらに炒めて玉ねぎが色づいたら、トマト缶を加える。沸騰したら弱火にし、ときどき混ぜながら15分ぐらい煮込む。

5　塩、こしょうで味を調えて、できあがり。

PART *1*

Chef Ropia発
ワンパンでできる
人気パスタ11

あのスパゲティ ボロネーゼが、 あのペスカトーレが、

フライパンひとつあれば作れるなんて！

Chef Ropia がパスタ作りの常識をくつがえします！

手軽なのに本格派のミートソース

お肉がうまい!
スパゲティ ボロネーゼ

材料(1人分)

- スパゲティ … 100g
- 塩、こしょう … 各適量
- にんにく（みじん切り）… 1かけ
- 合いびき肉 … 100g
- 玉ねぎ（みじん切り）… 1/6個
- にんじん（みじん切り）… 1/5本
- オリーブオイル … 20㎖
- 赤ワイン … 50㎖

- A ┌ 水 … 250㎖
  ├ トマトソース（P9参照）… 90㎖
  └ ココア … ほんの少し
- バター … 10g
- 粉チーズ … 20g
- イタリアンパセリ（みじん切り）… 少々

焼くときは
あまりいじらない

作り方

1 フライパンにオイルとにんにくを入れて火にかけ、香りが出たら、玉ねぎとにんじんを加えて炒める。油がまわったら、ひき肉を加えて塩、こしょうをふり、じっくりとソテーする。

2 赤ワインを加えてアルコール分をとばし、Aと半分に折ったスパゲティを加えて6分煮る。

3 水分がとんできたら火を止め、バターを加えて溶かす。粉チーズを混ぜ、器に盛ってパセリ、粉チーズ（分量外）を散らす。

memo

ボロネーゼソースは、ひと晩ぐらい寝かせるとコクが出るが、今回は時短のため、ココアとバターをプラス。これでグッと味が深まる。

粉チーズで仕上げる
豚ひき肉とアスパラの
ラグーソースパスタ

材料（1人分）

- スパゲティ … 100g
- 水 … 250mℓ
- 塩 … 適量
- にんにく（みじん切り）… 1かけ
- 豚ひき肉 … 50g
- アスパラガス（ひと口大に切る）… 1本
- 玉ねぎ（薄切り）… 1/6個
- オリーブオイル … 20mℓ
- ブラックペッパー、イタリアンパセリ（みじん切り）、粉チーズ … 各適量

作り方

1 フライパンにオイルとにんにくを入れて火にかけ、香りが出たら、玉ねぎを加えて水分がなくなるまで炒める。ひき肉を加えて塩を少々ふり、強火で炒める。

2 ひき肉がこんがりしたら、水、半分に折ったスパゲティを加えて4分煮て、アスパラガスを加えて2分煮る。

3 水分がなくなってきたら、味をみて塩で調え、器に盛ってブラックペッパー、パセリ、粉チーズをふる。

MEMO

ひき肉はなるべく動かさず、返しすぎないようにソテー。焦げそうになったら混ぜる程度のほうがうまみが残る。

香りがたまらない！
きのこのバターしょうゆパスタ

材料（1人分）

- スパゲティ … 100 g
- 水 … 250mℓ
- 塩 … 適量
- にんにく（みじん切り）… 1かけ
- 赤唐辛子（種を取る）… 1本
- しいたけ、しめじ、エリンギ、
  まいたけ（ひと口大に切る）… 合わせて50 g
- オリーブオイル … 20mℓ
- しょうゆ … 5mℓ
- バター … 10 g
- 青じそ（せん切り）… 2枚
- 刻みのり … 適量

にんにくの香りを
まとわせる

作り方

1 フライパンにオイルとにんにく、赤唐辛子を入れて火にかけ、にんにくが薄く色づくまで香りを引き出し、きのこ類を加えてソテーする。

2 しょうゆをフライパンのまわりから入れて香りを立たせ、分量の水、半分に折ったスパゲティを加えて6分煮る。味をみて、塩で調える。

3 火を止め、バターを加えて溶かし、器に盛って青じそと刻みのりをのせる。

MEMO

きのこは好みのものでOK。
1種類だけより、数種類合わせたほうがうまみが出る。

青じそで和風のさっぱり感をプラス

ヘルシー野菜いろいろ
ペンネのミネストローネ風

材料（1人分）

- ●ペンネ … 50ｇ
- ●水 … 450㎖
- ●塩 … 適量
- ●玉ねぎ（1cmの角切り）… 1/6個
- ●にんじん（1cmの角切り）… 1/5本
- ●なす（1cmの角切り）… 1/4本
- ●ブロックベーコン（1cmの角切り）… 20ｇ
- ●トマト（1cmの角切り）… 1/2個
- ●さやいんげん（1cm幅に切る）… 1本
- ●オリーブオイル … 30㎖
- ●粉チーズ … 20ｇ
- ●ブラックペッパー、イタリアンパセリ（みじん切り）… 各適量

作り方

1 フライパンにオイルと玉ねぎを入れて火にかけ、塩をひとつまみふり、甘みが出るまでじっくりと炒める。

2 ベーコン、にんじん、なすの順に加えて炒め、油がまわったらトマトを炒め合わせる。

3 水とペンネを加えて10分ほど煮て、いんげんを加えて2分煮る。水分が少なくなってきたら、ブラックペッパーと塩で調味し、器に盛り、粉チーズとパセリを散らす。

玉ねぎの甘みを引き出して

MEMO

野菜をていねいにソテーすることが大切。しっかり炒めてうまみや甘みをよく引き出すと、仕上がりの味に差が出る。

野菜のうまみが詰まってる!

本場でも人気の"猟師風"パスタ

きのこたっぷり!
鶏肉のカッチャトーラ風パスタ

材料(1人分)

- スパゲティ … 100g
- 水 … 250㎖
- 塩 … 適量
- 鶏もも肉(ひと口大に切る)… 1/2枚
- しいたけ、しめじ、エリンギ、
  まいたけ(ひと口大に切る)… 合わせて40g
- 玉ねぎ(薄切り)… 20g
- オリーブオイル … 20㎖
- トマトソース(P9参照)… 90㎖
- 粉チーズ … 20g
- ブラックペッパー、
  イタリアンパセリ(みじん切り)… 各適量

作り方

1 フライパンにオイルを入れて火にかけ、鶏肉を皮目から焼く。皮がパリッとしたら裏返し、玉ねぎを加えて炒める。

2 玉ねぎがしんなりしてきたら、きのこ類を加えてしっかり炒める。

3 水、トマトソースを加えて混ぜ、半分に折ったスパゲティを加え、6分煮る。味をみて塩で調え、仕上がる直前に粉チーズを加えてあえる。器に盛り、ブラックペッパーとパセリを散らす。

きのこを
しっかりソテー

MEMO

カッチャトーラは猟師風という意味だから、森でとれるきのこを使う。鶏肉はよく焼き、焼いたうまみをソースに移すと味わいが増すのでやってみて!

生臭さを抑えるマヨネーズがポイント

プチプチがクセになる
たらこときのこのクリームパスタ

材料（1人分）

- スパゲティ … 100g
- 水 … 250mℓ
- にんにく（みじん切り）… 1かけ
- しいたけ、しめじ、エリンギ、
  まいたけ（ひと口大に切る）… 合わせて30g
- たらこ … 30g
- マヨネーズ … 20g
- オリーブオイル … 20mℓ
- 生クリーム … 50mℓ
- 刻みのり、万能ねぎ（小口切り）… 各適量
- 青じそ（せん切り）… 2枚

作り方

1 たらこは薄皮に切り目を入れて中身をこそげ、マヨネーズと合わせる。

2 フライパンにオイルを入れて火にかけ、きのこ類を強火でしっかりとソテーする。

3 水と半分に折ったスパゲティを加えて4分煮て、生クリームを加えて2分煮る。火を止め、1を加えてさっと混ぜ、器に盛って万能ねぎと青じそを散らし、のりをのせる。

memo

目指すのは、もったりとして濃厚な仕上がり。薬味のトッピングでさっぱり感が加わり、ちょうどよい味になる。

贅沢シーフードの
スパゲティ ペスカトーレ

材料(1人分)

- スパゲティ … 100g
- 水 … 250㎖
- 塩 … 適量
- にんにく（みじん切り）… 1かけ
- 赤唐辛子（種を取る）… 1本
- あさり（砂抜き済み）… 8個
- ムール貝（よく洗う）… 3個
- かに（切ったもの）… 1/4ぱい
- 有頭えび … 1尾
- ほたて貝柱 … 2個
- オリーブオイル … 20㎖
- 白ワイン … 50㎖
- トマトソース（P9参照）… 70㎖
- イタリアンパセリ（みじん切り）… 適量

作り方

1 フライパンにオイルとにんにくを入れて火にかけ、ふつふつと泡が出てきたら、赤唐辛子を加えて香りを引き出す。

2 あさり、ムール貝、白ワインを加えて沸騰させ、かに、えび、ほたてを加える。あさりは開いてきたら一度取り出す。

3 トマトソース、水、半分に折ったスパゲティを加えて4分煮て、あさりを戻して2分煮る。味をみて塩で調え、器に盛ってパセリをふる。

1

開いたあさりを
取り出そう

2

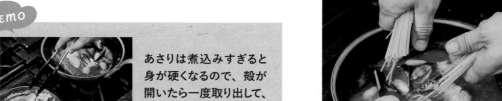

3

memo

あさりは煮込みすぎると身が硬くなるので、殻が開いたら一度取り出して、あとからもどす。これを忘れずに！

24

ゴージャスパスタもワンパンOK！

ソースのからみ抜群
マッシュルームとアスパラの
クリームフェットチーネ

材料（1人分）

- フェットチーネ … 100g
- 水 … 250ml
- 塩 … 適量
- マッシュルーム（3〜4つに切る）… 4個
- アスパラガス（ひと口大に切る）… 2本
- ソーセージ（粗く刻む）… 1本
- オリーブオイル … 20ml
- 生クリーム … 70ml
- 粉チーズ … 20g
- ブラックペッパー、イタリアンパセリ … 各適量

作り方

1 フライパンにオイル、マッシュルーム、ソーセージを入れ、中火でソテーする。

2 水とフェットチーネを加えて5分煮て、アスパラと生クリームを加えて2分煮る。

3 水分が少なくなってきたら、粉チーズを加えてさっとあえ、味をみて塩で調える。器に盛り、ブラックペッパーをふってパセリを添える。

memo

マッシュルームとソーセージはしっかりとソテー。ここでうまみを引き出すことが大切。

ソーセージでうまみをプラス

スープもおいしい♡
あさりとほうれん草の
クラムチャウダー風パスタ

材料（1人分）

- スパゲティ … 100g
- 水 … 250㎖
- 塩 … 適量
- にんにく（みじん切り）… 1かけ
- あさり（砂抜き済み）… 8個
- 玉ねぎ（みじん切り）… 1/6個
- しめじ（ほぐす）… 20g
- にんじん（5mmの角切り）… 10g
- ほうれん草（4cmのざく切り）… 30g
- オリーブオイル … 20㎖
- 白ワイン … 40㎖
- 牛乳 … 90㎖
- 粉チーズ … 30g
- バター … 10g
- ブラックペッパー … 適量

作り方

1 フライパンにオイルとにんにくを入れて火にかけ、にんにくが薄く色づくまで香りを引き出す。玉ねぎ、しめじ、にんじんを加えて中火で炒め、あさり、白ワインを加える。

2 あさりが開いたら、殻をはずして身を戻す。水、牛乳、半分に折ったスパゲティを加えて4分煮て、ほうれん草を加えて2分煮る。

3 粉チーズ、バターを加えて軽く混ぜ、味をみて塩で調える。器に盛り、粉チーズ（分量外）とブラックペッパーを散らす。

具のうまみがソースとパスタにしみこむ！

MEMO

あさりのうまみをソースにしっかり移したいので、このレシピでは、あさりを一度取り出さずに一緒に煮込む。

豆乳を使ってヘルシーに

やさし～い味わい
野菜と豆乳のクリーミーパスタ

材料（1人分）

- スパゲティ … 100g
- 水 … 250mℓ
- 塩 … 適量
- にんにく（みじん切り）… 1かけ
- しめじ（ほぐす）… 20g
- ベーコン（粗みじん切り）… 20g
- 玉ねぎ（薄切り）… 1/6個
- ほうれん草（4cmのざく切り）… 30g
- オリーブオイル … 20mℓ
- 豆乳 … 50mℓ
- 粉チーズ … 30g
- イタリアンパセリ（みじん切り）、
  ブラックペッパー … 各適量

作り方

1 フライパンにオイル、にんにく、ベーコンを入れて火にかけ、香りを引き出すように炒める。玉ねぎとしめじを加え、中火でソテーする。

2 水、豆乳、半分に折ったスパゲティを加えて4分煮て、ほうれん草を加えて2分煮る。

3 仕上がる直前に粉チーズを加えてさっと混ぜ、味をみて塩で調える。器に盛り、パセリとブラックペッパーを散らす。

MEMO

ベーコンはこの料理では脇役。うまみを足すために加えるので、粗みじん切りにして、あまり目立たせない。

ひき肉よりもあっさり、マイルド

30

シーフード3種入り！
魚介のラグーパスタ

材料（1人分）

- スパゲティ … 100g
- 水 … 250㎖
- 塩 … 適量
- にんにく（みじん切り）… 1かけ
- 赤唐辛子（種を取る）… 1本
- 鯛、たらなどの白身魚（粗くたたく）… 1切れ
- ほたて貝柱（粗くたたく）… 2個
- 小えび（粗くたたく）… 2尾
- オリーブオイル … 20㎖
- 白ワイン … 30㎖
- トマトソース（P9参照）… 70㎖
- ブラックペッパー、イタリアンパセリ（粗く刻む）
　… 各適量

作り方

1 フライパンにオイルとにんにくを入れて火にかけ、ふつふつとしてきたら、赤唐辛子を加えて香りを引き出す。

2 白身魚、ほたて、小えびを加えて強火でしっかりソテーし、汁気がなくなってきたら、白ワインを加えてアルコール分をとばす。

3 水、トマトソース、半分に折ったスパゲティを加えて6分ほど煮る。味をみて塩で調え、器に盛ってブラックペッパー、パセリを散らす。

アルコール分を
とばして
食べやすく

魚介類はあまり細かくせず、粗めにたたいたほうがうまみと食感を残せる。ソテーしたときに出てくる魚介の水分を、しっかりとばすことも大切。

PART 2

具材3つの
シンプルパスタ11

ベースは、パスタ+にんにく、塩。

これに身近な具材をちょっと加えた Ropia オリジナルのレシピです。

材料が少ないから、さらに調理がラクチン!

勝手に乳化、パサパサしない
ラクうまペペロンチーノ

材料（1人分）

- スパゲティ … 100g
- 水 … 250ml
- 塩 … 適量
- にんにく（みじん切り）… 1かけ
- 赤唐辛子（種を取る）… 1本
- オリーブオイル … 20ml
- イタリアンパセリ（みじん切り）… 適量

油の泡が目印！

作り方

1 フライパンにオイルとにんにくを入れて火にかける。ふつふつと泡が出てきたら、赤唐辛子を加える。

2 にんにくから香りが出てきたら、分量の水、半分に折ったスパゲティを加える。強火にし、沸騰したら中火にして6分ゆでる。

3 味をみて塩で調え、オイルと水が完全に乳化して、水分がほぼなくなったらできあがり。器に盛り、イタリアンパセリを散らす。

油と水が
乳化した状態

MEMO

パスタを時間まで煮詰めていく過程で、沸騰しながら湯と油が勝手に乳化。パスタが硬ければ、水を足して少し煮る。

家にあるものでできちゃう！

とろ～り卵の
和風かま玉チーズパスタ

材料（1人分）

- スパゲティ … 100g
- 水 … 250mℓ
- 塩 … 適量
- ブロックベーコン（1cm角の拍子木切り）… 20g ※
- 玉ねぎ（みじん切り）… 1/6個
- オリーブオイル … 20mℓ
- しょうゆ … 10mℓ
- バター … 10g
- 粉チーズ … 20g
- 卵黄 … 1個
- 万能ねぎ（小口切り）、ブラックペッパー … 各適量

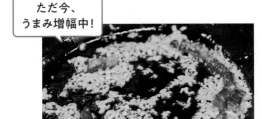

ただ今、うまみ増幅中！

作り方

1 フライパンにオイルとベーコンを入れ、弱火でじっくりと炒める。玉ねぎを加えて炒め、甘みを引き出す。

2 水と半分に折ったスパゲティを加えて6分煮る。水分がなくなってきたら、しょうゆを加え、味をみて塩で調える。

3 火を止め、バターと粉チーズを加えてさっとあえる。器に盛り、卵黄を落とし、ブラックペッパー、万能ねぎ、粉チーズ（分量外）をふる。

※ ░░░░░＝ベースの材料に追加する具材

かま玉うどんの濃厚パスタ版！

フライパンごと食卓へ

バジルが香る
パスタマルゲリータ alla Hidaka

材料（1人分）

- スパゲティ … 100g
- 水 … 250mℓ
- 塩 … 適量
- モッツァレラチーズ（1cm厚さに切る）… 40g
- トマトソース（P9参照）… 90mℓ
- バジル（葉を摘む）… 1枝

作り方

1 小さめのスキレット（またはフライパン）にトマトソース、水、塩少々を入れて火にかける。

2 沸騰したらスパゲティを4等分ぐらいに折って加え、塩少々をふり、汁気が少なくなるまで6分煮る。

3 モッツァレラチーズとバジルを加え、チーズが軽く溶けたらでき上がり。

このまま食卓へ！

memo

尊敬する日髙シェフ（P70参照）とのコラボ動画企画から生まれたレシピ。パスタをピザ生地に見立て、焼きたての気分を楽しむ。

人気パスタのいいとこどり！

やみつき必至!
トマトカルボナーラパスタ

材料(1人分)

- スパゲティ … 100g
- 水 … 250㎖
- 塩 … 適量
- ブロックベーコン(7〜8㎜角の拍子木切り)… 30g
- オリーブオイル … 20㎖
- トマトソース(P9参照)… 40㎖
- 生クリーム … 40㎖
- 卵黄 … 1個
- ブラックペッパー、粉チーズ … 各適量

作り方

1 フライパンにオイルとベーコンを入れ、弱火でじっくりと炒めてうまみを引き出す。

2 ベーコンに焼き色がついたら、水、トマトソース、半分に折ったスパゲティを加えて4分煮て、生クリームを加えて2分煮る。

3 水分が少なくなってきたら、卵黄を加えて手早くあえる。火を止め、ブラックペッパーと粉チーズをふり、再び火にかけて好みの濃度にし、味をみて塩で調える。器に盛り、粉チーズ(分量外)とブラックペッパーをふる。

卵黄は
手早く混ぜて!

memo

卵黄を加えるとき、水分が少なすぎるとダマになりやすい。フライパンの底にソースが残っている状態で加えるとよい。

色よし、味よし
小えびのブロッコリーソースパスタ

材料（1人分）

- スパゲティ … 100g
- 水 … 250mℓ
- にんにく（みじん切り）… 1かけ
- 赤唐辛子（種を取る）… 1本
- 小えび … 8尾
- ブロッコリー（小房に分ける）… 1/4個
- オリーブオイル … 20mℓ
- 粉チーズ … 20g
- ブラックペッパー … 適量

1

スプーンの背で
つぶすとラク

2

作り方

1 フライパンにたっぷりの湯を沸かし、ブロッコリーをくずれるくらい柔らかくなるまでゆで、ざるにあげる。

2 フライパンの水気をふき、オイル、にんにく、赤唐辛子を入れて火にかけ、にんにくが薄く色づくまで香りを引き出す。分量の水と**1**を入れ、スプーンでブロッコリーをつぶす。

3 半分に折ったスパゲティを加えて4分煮て、小えびを加えて2分煮る。水分がなくなってきたら火を止め、粉チーズを加えて軽く混ぜる。器に盛り、粉チーズ（分量外）とブラックペッパーをふる。

3

memo

えびはゆですぎると硬くなるので、パスタをゆでている途中でプラス。えびが大きめなら、パスタを3分ゆでたところで加え、さらに3分ゆでる。

ブロッコリーを緑のソースに

さっと作れて、ワインによく合う

カフェみたいにおしゃれ!
ゴルゴンゾーラと
生ハムのクリームパスタ

材料（1人分）

- スパゲティ … 100g
- 水 … 250㎖
- 塩 … 適量
- ゴルゴンゾーラチーズ … 30g
- 生ハム … 適量
- 生クリーム … 70㎖
- 粉チーズ … 30g
- ブラックペッパー、イタリアンパセリ（みじん切り）
  … 各適量

作り方

1 フライパンに水と生クリームを入れて火にかけ、ゴルゴンゾーラチーズを細かくして入れ、混ぜながら加熱する。

2 スパゲティを半分に折って加え、6分煮る。

3 水分がなくなってきたら、粉チーズを加えて軽く混ぜ、味をみて塩で調える。器に盛って生ハムをのせ、パセリとブラックペッパーを散らす。

memo

ゴルゴンゾーラの個性を楽しめるように、食材をいろいろ加えず、シンプルに仕上げるのがおすすめ。

ちょっと和風のホッとする味

「みそ」がうまさの決め手
チキンとしめじのみそクリームパスタ

材料（1人分）

- スパゲティ … 100g
- 水 … 250㎖
- 塩 … 適量
- しめじ（ほぐす）… 40g
- 鶏ささみ（1cm弱の斜め切り）… 1本
- オリーブオイル … 20㎖
- 生クリーム … 50㎖
- みそ … 10g
- 粉チーズ … 30g
- 青じそ（せん切り）… 2枚

作り方

1 フライパンにオイルとしめじを入れ、強火でしっかりとソテーする。

2 水、半分に折ったスパゲティを加えて3分煮て、鶏ささみを加える。

3 1分後に生クリームを加え、みそを溶き入れる。水分が少なくなってきたら粉チーズを加え、味をみて塩で調える。器に盛り、青じそをのせる。

MEMO

生クリームを加えるとフライパン内の温度が下がり、ささみにゆっくりと火が入る。そのため、ささみが硬くなりにくい。

甘酸っぱくてクセになる！
フレッシュトマトとしらすのパスタ

材料（1人分）

- スパゲティ … 100g
- 水 … 250mℓ
- 塩 … 適量
- にんにく（みじん切り）… 1かけ
- 赤唐辛子（種を取る）… 1本
- ミニトマト（半分に切る）… 10個
- しらす … 40g
- 水菜（5cmのざく切り）… 30g
- オリーブオイル … 20mℓ
- ブラックペッパー … 適量

1

トングが便利！

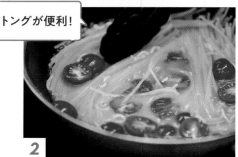

2

3

作り方

1 フライパンにオイルとにんにくを入れて火にかけ、ふつふつとしてきたら赤唐辛子を加える。にんにくが薄く色づいたら、しらすの半量を加えてじっくりとソテーする。

2 水、半分に折ったスパゲティ、ミニトマトを加えて5分ほど煮る。トマトがやわらかくなってきたら、トングなどでつぶす。

3 残りのしらすと水菜を加えて1分ほど煮て、味をみて塩で調える。器に盛り、ブラックペッパーを軽くふる。

MEMO

味の濃いミニトマトを一緒に煮込むと、スパゲティにうまみや酸味が移りやすい。しらすの代わりにからすみを使ってリッチな味にするのも◎。

トマトの酸味としらすの塩気がぴったり

クリーミーで食べごたえあり！

MEMO

店では「モルタデッラ」という、ピスタチオなどが入ったボローニャ地方のソーセージを使いますが、ふつうのハムでも大丈夫。しっかりソテーすることが大切。

パパッと完成
ハムとチーズのクリームパスタ

材料（1人分）

- スパゲティ … 100g
- 水 … 250mℓ
- 塩 … 適量
- ハム（1cm幅の短冊切り）… 2枚
- オリーブオイル … 20mℓ
- 生クリーム … 70mℓ
- 粉チーズ … 20g
- ピザ用チーズ … 30g
- ブラックペッパー、
  イタリアンパセリ（みじん切り）
  … 各適量

作り方

1 フライパンにオイルとハムを入れて弱火にかけ、うまみを引き出すようにソテーする。

2 水、半分に折ったスパゲティを加えて4分煮て、生クリームを加えてさらに2分煮る。

3 汁気が少なくなってきたら、粉チーズとピザ用チーズを加えて溶かし、味をみて足りなければ塩で調える。器に盛り、ブラックペッパーとパセリを散らす。

カリカリ感が絶品！
ナッツとベーコンのペペロンチーノ風

材料（1人分）

- スパゲティ … 100g
- 水 … 250mℓ
- 塩 … 適量
- にんにく（粗く刻む）… 1かけ
- 赤唐辛子（種を取る）… 1本
- ブロックベーコン（1cmの角切り）… 30g
- ミックスナッツ（粗く刻む）… 10g
- レーズン … 10g
- オリーブオイル … 20mℓ
- イタリアンパセリ（みじん切り）、ブラックペッパー … 各適量

作り方

1 フライパンにオイルとベーコンを入れて火にかけ、じっくりと炒めてうまみを引き出す。にんにくと赤唐辛子を加え、香りが出てきたら、ナッツを加えてさっと炒める。

2 ナッツの香りが出てきたら、水とスパゲティを加えて6分ほど煮る。水分がなくなってきたら、レーズンを加える。

3 味をみて塩で調え、器に盛り、パセリとブラックペッパーを散らす。

MEMO

ナッツを細かく刻みすぎると焦げやすいので、ゴロゴロッと粗めに刻んだほうがよい。

ナッツとレーズンの組み合わせが新鮮！

かきのうまみがパスタにギュッと

ジューシーなかきが絶品
かきと水菜のオイルパスタ

材料(1人分)

- スパゲティ … 100g
- 水 … 250㎖
- 塩、ブラックペッパー … 各適量
- にんにく（みじん切り）… 1かけ
- 赤唐辛子（種を取る）… 1本
- かき（冷凍でもOK）… 4個
- 水菜（4cmのざく切り）… 20g
- オリーブオイル … 20㎖

作り方

1 フライパンにオイル、にんにく、赤唐辛子を入れて火にかけ、にんにくが薄く色づくまで香りを出す。かきを加え、全体がふっくらとするまでソテーする。

2 かきを取り出し、半分に折ったスパゲティと水を加えて3分煮る。かきを戻し入れ、さらに3分煮る。

3 水分がなくなってきたら、水菜を仕上げ用に少し残して加え、さっと合わせる。塩で味を調えて器に盛り、ブラックペッパーをふり、仕上げ用の水菜をのせる。

MEMO

かきは冷凍でもOK。生でも、解凍したものでも、汚れを洗い流して水気をふいてから使って。

僕とYouTube

　「Ropia」という名前、不思議に思われるかもしれませんね。実はこれは、かつて某メーカーで作られていたお菓子の名前。僕は料理人になる前は運送の仕事をしていて、そのとき運んでいたのが「ロピア」という名前のお菓子だったんです。

　YouTubeを始めるとき、ふと、その名前が思い浮かび、チャンネル名を「Chef Ropia」に決めました。当初は「料理の動画なんて見てもらえるかなぁ」と心配しましたが、今では43万人を超える方々に見ていただけるまでになりました。近隣だけでなく、他県から店を訪ねてくれる人も増え、「YouTubeを見てます」「おいしかった!」などと声をかけていただけると、うれしい限りです。また、動画をやっていなければ出会えなかっただろう有名シェフと知り合えたり、ユーチューバー同士の交流を持てたりなど、動画をきっかけにした変化に自分でも驚いています。

　近ごろは料理動画を配信するだけでなく、オンライン上で「Romunita」(ロムニータ)というサロンを開催。これは、料理を介したコミュニケーションの場で、料理に興味がある人同士が情報を交換したり、レシピを募集してコンテストを行ったりしています。年齢や職業を問わず、料理が好きな人なら誰でも楽しめる場として定着させたいと思っています。

　これからもまだまだ、料理と動画をベースにした楽しみを増やしていきますよ。お楽しみに!

PART 3

10分で完成！
すぐうま
缶詰パスタ8

おなじみのツナ缶やさばみそ缶をはじめ、

イタリアンに欠かせないアンチョビなど、身近な缶詰を活用。

手早く、おいしく、意外性のあるパスタになりました！

さば缶で間違いないうまさ!
さばみそ缶の和風パスタ

材料(1人分)

- スパゲティ … 100g
- 水 … 250mℓ
- 塩 … 適量
- さばみそ缶 … 1缶(約150g)
- 玉ねぎ (薄切り) … 1/6個
- チンゲン菜 (ざく切り) … 1/2株
- バター … 10g
- めんつゆ (4倍希釈) … 10mℓ
- 青じそ (せん切り) … 2枚

弱火で
じっくりと

作り方

1 フライパンにバターと玉ねぎを入れて火にかけ、弱火でじっくりとソテーする。甘い香りがしてきたら、さばみそ煮を加えて炒めながらくずす。

2 水、半分に折ったスパゲティを加えて4分煮て、チンゲン菜を加えて2分煮る。

3 水分がなくなってきたら、めんつゆを加え、味をみて塩で調える。器に盛り、青じそをのせる。

MEMO

さば缶は水煮でもOK。みそ煮より塩気が少ないので、その場合はめんつゆの量を増やすか、塩で味を調えて。

青じそでさっぱり、食べやすく

炒めたコーンの甘さにほっこり
コーンとブロッコリーのクリームパスタ

材料（1人分）

- ●スパゲティ … 100g
- ●水 … 250㎖
- ●塩 … 適量
- ●にんにく（みじん切り）… 1かけ
- ●コーン（缶詰）… 40g
- ●ブロッコリー（小房に分ける）… 30g
- ●ほうれん草（4㎝のざく切り）… 30g
- ●オリーブオイル … 20㎖
- ●生クリーム … 50㎖
- ●粉チーズ … 30g
- ●バター … 10g
- ●ブラックペッパー … 適量

作り方

1 フライパンにオイルとにんにくを入れて火にかけ、にんにくが薄く色づくまで香りを引き出す。コーンを加え、水分がとぶまで炒める。

2 水、半分に折ったスパゲティを加えて4分煮て、生クリーム、ブロッコリー、ほうれん草を加えて2分煮る。

3 水分がなくなってきたら、粉チーズとバターを加えて軽くあえ、味をみて塩で調える。器に盛り、粉チーズ（分量外）とブラックペッパーを散らす。

MEMO

コーンを加えるときは、汁気をあまりきらなくてOK。缶汁にもうまみがあるので、うまみづけに利用するとよい。

野菜の甘みと生クリームが合う！

ツナをよく炒めてコクをプラス

おいしくならない理由が見つからない
ツナときのこの木こり風パスタ

材料（1人分）

- スパゲティ … 100g
- 水 … 250ml
- 塩 … 適量
- にんにく（みじん切り）… 1かけ
- 赤唐辛子（種を取る）… 1本
- ツナ缶 … 40g
- しいたけ、しめじ、エリンギ、まいたけ（ひと口大に切る）… 合わせて40g
- オリーブオイル … 20ml
- トマトソース（P9参照）… 70ml
- ブラックペッパー、イタリアンパセリ（みじん切り）… 各適量

作り方

1 フライパンにオイルとにんにくを入れて火にかけ、ふつふつとしてきたら、赤唐辛子を加えて香りを引き出す。

2 にんにくが少し色づいてきたら、きのこ類を加え、弱火でじっくりと炒めて香りとうまみを引き出す。ツナを加え、一度水分がとぶまでソテーする。

3 水、半分に折ったスパゲティ、トマトソースを加えて6分煮て、味をみて塩で調える。器に盛り、ブラックペッパーとパセリを散らす。

余分な汁気を炒めてカット

memo

きのこはうまみ成分が豊富で、香りも豊か。フライパンに加えたら弱火にして、香りを引き出すように炒めながらソースにうまみを移す。

お皿に移して…

イタリアンパセリを
のせて完成！

口当たりがよく、贅沢な味わい

ごちそうパスタがクセになる味！
かに缶のトマトクリームパスタ

材料（1人分）

- スパゲティ … 100g
- 水 … 250mℓ
- 塩 … 適量
- にんにく（みじん切り）… 1かけ
- 赤唐辛子（種を取る）… 1本
- かに缶 … 100g
- 玉ねぎ（みじん切り）… 1/6個
- オリーブオイル … 20mℓ
- トマトソース（P9参照）… 70mℓ
- 生クリーム … 30mℓ
- 粉チーズ … 適量
- イタリアンパセリ … 少々

作り方

1 フライパンにオイルとにんにくを入れて火にかけ、ふつふつとしてきたら、赤唐辛子を加えて香りを引き出す。にんにくが少し色づいたら、玉ねぎを加えて炒める。

2 玉ねぎがしんなりしたら、かに缶を汁ごと加えて汁気がなくなるまで炒める。

3 水、半分に折ったスパゲティ、トマトソースを加えて5分ほど煮て、生クリームを加えて1〜2分煮る。水分がなくなってきたら、味をみて塩で調え、火を止めて粉チーズを混ぜる。器に盛り、パセリを添える。

1

2

おいしい缶汁もプラス

3

memo

かに缶は缶汁ごと加えて、汁気をしっかりとばすように炒める。こうすると、かにのうまみを凝縮させられる。

コクたっぷり！うまみもたっぷり！
いかとアンチョビのオイルパスタ

材料（1人分）

- スパゲティ … 100g
- 水 … 250㎖
- 塩 … 適量
- にんにく（みじん切り）… 1かけ
- 赤唐辛子（種を取る）… 1本

- するめいか … 40g
- キャベツ（ひと口大に切る）… 1枚程度
- アンチョビ … 1切れ
- オリーブオイル … 20㎖
- イタリアンパセリ（みじん切り）、ブラックペッパー … 各適量

作り方

1 いかはさばき、ワタ、胴、ゲソに切り分ける。胴はえんぺらをはずして輪切りにし、えんぺらとゲソは食べやすく切り、ワタは半分に切る（使う分量以外はラップに包んで冷凍する）。

2 フライパンにオイル、にんにくを入れて火にかけ、ふつふつとしてきたら、赤唐辛子を加えて香りを引き出す。いかのワタとアンチョビを加えてくずしながら炒め、いかも加えてさっと炒める。

3 分量の水と半分に折ったスパゲティを加え、途中でキャベツを加えて6分ほど煮る。味をみて塩で調え、器に盛り、パセリとブラックペッパーを散らす。

1

2

3

MEMO

ワタまで使うので、いかは必ず新鮮なものを買い求めて。アンチョビは味つけに使えるので、買い置きしておくと便利。

いかのワタも使うから深い味

⟨ POINT ⟩

◎ いかのさばき方

足をつかんでワタを引き
抜き、軟骨も引き抜く。

ワタと足を切り離し、目、
クチバシ、墨袋を取り除
く。目は水の中で取ると、
汚れがとび散らない。

えんぺら（三角の部分）を
つかんで下に引っ張り、
切り取る。あとはレシピ
どおりに。

おなじみ鮭フレークで作る
サーモンクリームパスタ

材料（1人分）

- ●スパゲティ … 100 g
- ●水 … 250mℓ
- ●塩 … 適量
- ●にんにく（みじん切り）… 1かけ
- ●鮭フレーク … 30 g
- ●オリーブオイル … 20mℓ
- ●生クリーム … 70mℓ
- ●粉チーズ … 30 g
- ●ブラックペッパー … 適量
- ●イタリアンパセリ … 少々

沸騰させない
ように！

作り方

1 フライパンにオイルとにんにくを入れて火にかけ、にんにくが薄く色づくまで香りを引き出す。鮭フレークを加え、油になじませる。

2 水、半分に折ったスパゲティを加えて4分煮て、生クリームを加えて2分煮る。

3 水分が少なくなってきたら、粉チーズを加えてさっとあえ、味をみて、塩で調える。器に盛り、ブラックペッパーと粉チーズ（分量外）を散らし、パセリを添える。

memo

生クリームを加えたあとは弱火でゆっくり加熱。強火で煮ると、クリームが分離するので注意。

まろやか＆なめらかな口当たり

かば焼き缶の味をそのまま利用

MEMO

さんまの存在感を消さないよう、あまりくずさずに煮込む。そして、煮込みながら、かば焼きのうまみをパスタにしっかり吸わせる。

味つけラクラク

さんまかば焼き缶と玉ねぎのオイルパスタ

材料（1人分）

- スパゲティ … 100 g
- 水 … 250㎖
- 塩 … 適量
- にんにく（みじん切り）… 1かけ
- 赤唐辛子（種を取る）… 1本
- さんまかば焼き缶 … 1缶（100g）
- 玉ねぎ（薄切り）… 1/6個
- オリーブオイル … 20㎖
- 万能ねぎ（小口切り）… 適量

作り方

1 フライパンにオイルとにんにくを入れて火にかけ、にんにくが薄く色づくまで、じっくりと香りを引き出す。玉ねぎ、赤唐辛子を加えて炒め、軽く塩をふる。

2 水と半分に折ったスパゲティを加えて3分煮て、さんま缶を汁ごとくずさないように入れ、さらに3分煮る。

3 さんまを先に取り出し、パスタを器に盛りつけ、上にさんまをのせて万能ねぎを散らす。

こってり好きにはたまらない
かにみそのチーズクリームパスタ

材料（1人分）

- スパゲティ … 100g
- 水 … 250mℓ
- 塩 … 適量
- にんにく（みじん切り）… 1かけ
- かにみそ缶 … 50g
- モッツァレラチーズ … 40g
- オリーブオイル … 20mℓ
- 生クリーム … 50mℓ
- 粉チーズ … 20g
- イタリアンパセリ（みじん切り）、
  ブラックペッパー … 各適量

作り方

1 フライパンにオイルとにんにくを入れて火にかけ、香りを引き出す。かにみそを加え、油になじむまで炒める。

2 水、半分に折ったスパゲティを加えて4分煮て、生クリームを加えて2分煮る。

3 仕上がる前に粉チーズを入れ、モッツァレラチーズをちぎって加えて軽く混ぜる。味をみて塩で調え、器に盛り、パセリとブラックペッパーを散らす。

MEMO

かにみそを炒めておくと、生臭さが抑えられる。うまみを生かせるよう、合わせる食材はシンプルに。

意外でおいしい組み合わせ♪

僕の大切な人たち

　僕が料理の仕事を始めたのは20代の半ばごろ。今も長野市にある「珈琲哲学」という店が、最初の修業の場になりました。名前のとおり、コーヒーがメインの店ですが、薪釜があって本格的なピザが焼け、すべてのソースを手作りするパスタも人気。当時のオーナーで、今も親しみを込めて「親方」と呼んでいる竹下文仁さんが、僕に料理を一から教えてくれました。
「仕事の速い遅いは段取りがすべて」
「食材をムダにしない」
「道具を大切にする」
　僕がずっと教訓にしているこれらのことは、すべて竹下シェフに教わったこと。料理がおもしろくなり、今でもずっと続けていられるのは、「親方」のおかげだと思っています。
　次に、イタリアで修行経験がある北村博明シェフの店で働かせてもらいました。イタリア料理の伝統的な作り方や専門的な技術を身につけることができたのは、北村シェフのおかげです。しかもこの店では、パスタの調理をメインに行う「パスタ場」をまかせられ、食材の手配からメニューの提案までやらせてもらえました。この経験が、自分の店を始める足がかりになったことは間違いありません。北村シェフとは今でも一緒にゴルフなどに行く関係。羽を伸ばしつつ、料理の話ができることを楽しみにしています。

そしてもうひとり、今の僕の支えになっているのが日髙良実シェフ。ご存じの方も多い、東京・南青山の「リストランテアクアパッツァ」のオーナーシェフです。

　日髙シェフに初めて会ったのは、珈琲哲学で働いていたころのこと。当時、行われたあるセミナーで講師を務めたのが、日髙シェフでした。そのころの僕は、「イタリア料理に日本ならではの食材を使ったり、和風にアレンジしたりするのはどうなんだろう」と疑問に思っていて、それを日髙シェフにぶつけました。するとシェフは、「日本でやるからには地元の食材をうまく使ってイタリアンを作るのが当たり前。それは創作イタリアンとは異なり、イタリア料理を自分の料理にすることだ」と明快に答えてくれました。これには本当に感動しました。

　その後、知り合いを介して日髙シェフに再会！　一緒に動画を撮影して配信したり、休日に釣りに行ったりなど、思いがけないお付き合いができるようになりました。今では日髙シェフもYouTubeに参戦。店に入らなければ教わることができなかったことが、動画によって本人から見聞きできるなんて、素晴らしいことです。

　これからも3人のシェフとのつながりを大切にして、料理作りに励みたいと思っています。

PART 4

味つけも作り方も
ミニマムに!
肉と魚の
メイン料理10

イタリアンらしい肉料理と、うまみたっぷりの魚料理を
シンプルな材料と手間の少ない調理法で!
おもてなしにはもちろん、ふだんのおかずにもどうぞ。

放っておくだけ♪
炊飯器で簡単ローストビーフ

材料（作りやすい分量）

- 牛もも肉（ブロック）… 300g
- A
  - しょうゆ … 30mℓ
  - みりん … 20mℓ
  - はちみつ … 5g
  - 塩、こしょう … 各適量
- オリーブオイル … 適量
- ミニトマト、ベビーリーフなど … 各適量

1

作り方

1 Aをポリ袋に入れてよく混ぜる。牛肉全体にフォークなどで穴をあけ、ポリ袋に入れて調味料をもみこみ、口を閉じて室温で30分ほどおく。

2 肉を取り出して汁気をふく。フライパンにオイルを入れて熱し、肉の表面だけを焼く（側面も忘れずに）。ソースの袋に肉を戻し、空気を抜いて口を閉じ、粗熱をとる。

2

湯を注いで
スイッチオン！

3 炊飯器に2を袋ごと入れ、熱湯を肉がかぶるくらいの高さまで注ぐ。ふたをして保温のスイッチを入れ、40分おく。

3

4 肉を取り出し、袋に入れたまま室温で20分ほど休ませる。汁気を軽くきって好みの厚さに切り、器に盛ってミニトマト、ベビーリーフなどを添え、残ったソースをかける。

MEMO

炊飯器の保温機能は低温調理に最適！ 70℃ぐらいで肉がじわじわと加熱される。肉にフォークで穴をあけておくと、味がしみこみやすい。

お肉がしっとり。ソースも同時に完成

お店の味で子どもも喜ぶ!
豚肩ロースのソテー オレンジソース

材料（2人分）

- 豚肩ロース肉 … 200ｇ
- 塩、こしょう、オリーブオイル … 各適量
- A
  - 白ワイン … 30㎖
  - バルサミコ酢 … 10㎖
  - オレンジ（1cm厚さの半月切り）… 1/2個
  - オレンジ果汁 … 1/2個分
- バター … 10ｇ
- 葉野菜、ブラックペッパー … 各適量

脂身が苦手なら、
側面も忘れず焼いて

作り方

1 豚肉の両面に塩、こしょうをふる。フライパンを熱してオイルをなじませ、豚肉を中火でしっかりソテーする。きれいな焼き色がついたら、裏返して2分ほどソテーする。

2 **1**の余分な脂を捨て、**A**を加えて煮立たせる。

3 肉をバットなどに取り出し、残ったソースにバターを加えて火を止め、余熱で溶かしてとろみをつける。味をみて、塩で調える。

4 肉を食べやすく切って器に盛り、葉野菜を添え、ブラックペッパーをふって**3**のソースをかける。

MEMO

白ワインとバルサミコ酢の酸味を
とばしながら肉に火を入れると、
酸の働きで肉が柔らかくなる。

甘酸っぱいソースが豚肉にピッタリ

外はカリッとして、中はしっとり

焼きたてが最高！

豚バラ肉とじゃがいものカリカリ焼き

材料（1人分）

- 豚バラ薄切り肉（小さく切る）… 80g
- じゃがいも（せん切り）… 中1個
- 塩、こしょう … 各適量
- オリーブオイル … 20ml
- 粉チーズ … 20g
- レモン（くし形切り）… 2切れ
- イタリアンパセリ … 適量

肉はほぐしながら
混ぜて

1

作り方

1 じゃがいもに塩、こしょうをふってよくもみこむ。しんなりしてきたら豚肉を加え、肉をほぐしながら混ぜ合わせる。

2 フライパンにオイルを入れて温め、**1**を広げ入れて丸く形を整え、弱火で焼く。

2

3

3 ときどき回して位置を変えながら焼き、きつね色になったら、皿をかぶせてひっくり返して取り出し、滑らせるようにフライパンに戻して反対側も焼く。

4 食べやすく切って器に盛り、粉チーズをふり、レモンとパセリを添える。

MEMO

じゃがいものせん切りはスライサーで。なるべく細く切ったほうが、焼いたときに生地がまとまりやすい。

皮がパリッパリ
若鶏のディアボラ風

材料（1～2人分）

- 鶏もも肉 … 1枚
- エリンギ（縦半分に切る）… 1本
- オリーブオイル … 20ml
- 赤唐辛子（種を取る）… 1本
- 塩 … 適量
- バター … 20g
- ブロッコリー（ゆでる）… 適量
- 粒マスタード、イタリアンパセリ、ブラックペッパー、
  … 各適量

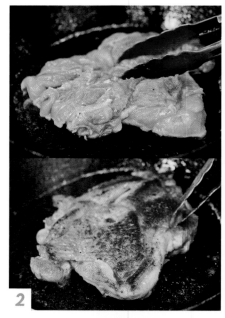

作り方

1 鶏肉は筋や余分な脂を切り取り、両面に塩を
ふる。

2 フライパンにオイルと赤唐辛子を入れて火にか
け、辛みを引き出して取り出す。**1**を皮目を下
にして入れ、トングなどでまんべんなく押さえ
ながら中火～弱火で焼く。返して反対側も焼き、
両面がしっかり焼けたら取り出して器に盛る。

3 フライパンに残った油を捨て、バターを入れて
火にかけ、エリンギをソテーする。

4 **2**に**3**、ブロッコリー、粒マスタード、イタリ
アンパセリを添え、ブラックペッパーをふる。

MEMO

ガスの火は場所によって強弱があるので、
ときどき肉の向きを変えて火があたる位置
を変えると、全体を均一に焼ける。

ほどよく辛みがきいて食べ飽きない

照り照りでコクうま♪
手羽元のバルサミコ煮込み

材料（2人分）

- 鶏手羽元 … 4本
- 塩 … 適量
- オリーブオイル … 20㎖
- 赤ワイン … 50㎖
- バルサミコ酢 … 100㎖
- つけ合わせの野菜 … 適量

1

こびりついたのが
うまみ！

2

3

作り方

1 手羽元に塩をふる。フライパンにオイルを入れて温め、手羽元を焼く。ときどき返して全体に焼き色をつけ、一度取り出す。

2 空いたフライパンに赤ワインを入れ、フライパンについた手羽元のうまみをへらでこそげる。

3 バルサミコ酢を加えて手羽元を戻し、水分が少なくなってとろみが出るまで煮る。

4 器に野菜を敷き、**3**を盛る。

memo

手羽元を焼くときは焦がさないように注意！　ある程度しっかり焼いたほうがよいものの、表面だけこんがりと焼くイメージで。

かぶりつきたくなる、この照り！

水で煮るだけの王道イタリアン

手軽で豪華！
かさごのアクアパッツァ

材料（2人分）

- かさご … 1尾
- あさり（砂抜き済み）… 10粒
- セミドライトマト … 5粒
- 塩 … 適量
- オリーブオイル … 40㎖
- イタリアンパセリ（みじん切り）、ブラックペッパー
  … 各適量

作り方

1 かさごは内臓とエラを取り除き、血合いなどを
よく洗い流す。水気をふき、全体に塩とオリー
ブオイル（分量外）をふる。

2 フライパンを熱し、**1**を盛りつけるときに上にす
る面（頭が左向きになる側）から焼く。

3 両面をしっかり焼いたら、魚の下半分が浸るく
らいの水、あさり、ドライトマトを加え、とき
どきスプーンで煮汁をかけながら強火で煮る。
アクが出たら取り除く。

4 煮詰まってきたら、オイルとパセリを加えてし
っかり沸騰させる（強火で沸かすことで乳化す
る）。器に盛り、ブラックペッパーを散らしてチ
ャービル（分量外）を添える。

memo

日本にアクアパッツァを広めた日高シェフの
レシピを忠実に再現。魚はめばる、いさき
などの白身魚でもOK。骨からうまみが出る
ので、切り身ではなく、一尾魚を使う。

生トマトのフレッシュなソースで
真鯛のケッカ風ソテー

材料（2人分）

- 真鯛（切り身）… 2切れ
- トマト（種を取り、1cmの角切り）… 1/2個
- にんにく（みじん切り）… 少々
- バジル … 2〜3枚
- オリーブオイル … 20㎖
- 塩、ブラックペッパー、チャービルなど … 各適量

作り方

1 ボウルにトマト、にんにく、ちぎったバジルを入れ、オイルを少しずつたらして混ぜる。

2 真鯛は皮に2か所ほど切り目を入れて塩、オリーブオイル（分量外）をふり、身のほうにもなじませる。

3 熱したフライパンに**2**を皮目を下にして入れ、トングなどで押さえながらしっかりソテーする。皮目がパリッと焼けたら返し、弱火にして1〜2分、ふっくらと焼き上げる。

弱火〜中火でふっくらと

4 器に鯛を盛り、**1**とチャービルなどを添え、ブラックペッパーをふる。

MEMO

ケッカソースは冷たいトマトのソースのこと。イタリア料理では定番で、ケーパーやオリーブの実を加えることもある。

皮をしっかり焼くとおいしくなる！

えびのうまみ凝縮！
赤えびの白ワイン風味

材料（2人分）

- 赤えび … 2尾
- 白ワイン … 50mℓ
- レモン汁 … 10mℓ
- オリーブオイル … 20mℓ
- バター … 10g
- 塩、ブラックペッパー、チャービル … 各適量

作り方

1 えびは背側に頭から尾の手前まで包丁を入れ、背開きにする。切り目から左右に開き、砂袋（濃い赤色の部分）と背ワタを取り除く。

2 フライパンにえびの開いた面を上にして入れ、白ワイン、レモン汁、オイルを加えて中火にかける。沸いてきたら、ふたをして30秒〜1分ほど蒸し、身がうっすらと白くなったら、すぐに火を止める。

3 えびを器に盛り、残った蒸し汁を煮詰める。塩で調味し、バターを加えてフライパンをゆすりながら溶かし、えびに回しかける。チャービルを添え、ブラックペッパーをふる。

蒸しすぎないように！

MEMO

えびを開くときは腹側まで切らないように注意。砂袋はピンセットを使うと取りやすい。

豪華に見えて、蒸し煮だから簡単

皮が香ばしい
白身魚と野菜のムニエル

材料（2人分）

- 白身魚（真鯛など）の切り身 … 2切れ
- バター … 20g
- オリーブオイル … 10㎖
- 中力粉（なければ薄力粉）、塩、こしょう … 各適量
- いんげん、パプリカ（赤・黄）、ブロッコリーなど … 各適量
- ブラックペッパー（粗びき）、チャービル … 各適量

memo
中力粉を使うのは食感をよくするため。薄力粉より粘り気があるので、焼くとパリッとした食感になる。

作り方

1 白身魚の皮目に2か所ほど切り目を入れ、両面に塩をふって中力粉をまぶす。

2 フライパンにオイルを入れて温め、**1**を皮目から焼く。きつね色に焼けたら返して身側も焼き、余分な油を捨てる。

3 火を止め、バターを加えて余熱で溶かし、魚にかけて器に盛る。

4 いんげんなどの野菜を食べやすく切り、**3**のフライパンでソテーし、魚に添える。チャービルも添え、ブラックペッパーをふる。

中力粉でパリッと焼くのがコツ

memo

魚介類には塩気があり、唐辛子の辛みも加わるので、塩を入れすぎないように気をつけて。

にんにくオイルで魚介の甘みが引き立つ

手早くできる!
ほたてとあさりのペペロンチーノ風

材料(2人分)

- ほたて貝柱 … 6個
- あさり(砂抜き済み)… 14 〜 16個
- にんにく(みじん切り)… 1かけ
- 赤唐辛子(種を取る)… 1本
- アスパラガス(斜め切り)… 2本
- マッシュルーム(縦に4つ割り)… 4個
- オリーブオイル … 20㎖
- 白ワイン … 40㎖
- 塩、チャービル … 各適量

作り方

1 フライパンににんにく、赤唐辛子、オイルを入れて火にかけ、じっくりと炒めて香りを引き出す。

2 にんにくが色づき始めたら、ほたてを加えて表面をサッとソテーし、あさりと白ワインを加え、強火にしてアルコール分をとばす。あさりは殻が開いたら取り出す。

3 マッシュルームとアスパラガスも加え、ふたをして2 〜 3分加熱し、味をみて塩で調える。器に盛り、チャービルを添える。

PART 5

お店の味を
再現できる!
前菜&ドルチェ10

パスタやメイン料理に合わせたいサブメニューも紹介。

食後にうれしいドルチェは、

Chef Ropia のよきパートナー 325 さん、

頼もしいスタッフのまつこさんが担当しました。

いつものサラダがドレッシングでお店の味に

楽しみ方いろいろ♪
イタリアンサラダ ～3種のドレッシングで～

きゅうりの ドレッシング

材料（作りやすい分量）

● きゅうり（薄い輪切り）… 1本
● 玉ねぎ（薄切り）… 1/4個
● はちみつ … 10g
● 塩 … 5g
● 酢 … 40mℓ
● オリーブオイル … 70mℓ

作り方

1 フライパンにオリーブオイル少々（分量外）を入れて火にかけ、玉ねぎをしんなりするまでソテーする。

2 きゅうりも加えて炒め、しんなりしたら火を止める。

3 ミキサーに2と残りの材料を入れてかくはんする。

バルサミコの ドレッシング

材料（作りやすい分量）

● バルサミコ酢 … 25mℓ
● オリーブオイル … 160mℓ
● にんにく（薄切り）… 1かけ
● 塩 … 8g

作り方

1 フライパンにオイルとにんにくを入れて弱火にかけ、香りを引き出す。にんにくは、きつね色になったら取り出す。

2 1の粗熱がとれたら、バルサミコ酢と塩を加えてよく混ぜる。

トマトの ドレッシング

材料（作りやすい分量）

● トマト … 中1個
● 粒マスタード … 15g
● はちみつ … 15g
● 塩 … 2g
● ブラックペッパー … 適量

作り方

1 トマトはヘタを取り、4等分ぐらいに切る。

2 1と残りの材料をミキサーに入れてかくはんする。

サラダの材料

● レタス、グリーンリーフ、サニーレタス … 各適量
● トッピング（にんじん、大根〈せん切り〉、オクラ〈小口切り〉、パプリカ、コリンキー〈薄切り〉、ミニトマト〈輪切り〉、ブロッコリー〈ゆでる〉、れんこん〈輪切り、ゆでる〉、トレビス〈ちぎる〉）など … 適量

作り方

1 レタス類を食べやすくちぎり、混ぜ合わせて器に盛る。

2 好みの野菜をトッピングし、好みのドレッシングをかける。

味つけはシンプル、だけどプロの味
まぐろとアボカドのサラダ仕立て

玉ねぎが風味と食感を引き立てる！

材料（2人分）

- まぐろ刺し身用赤身（2cmの角切り）… 250g
- アボカド（2cmの角切り）… 1個
- 玉ねぎ（みじん切り）… 1/4個
- ブラックオリーブ（輪切り）… 4粒
- レモン汁 … 10ml
- オリーブオイル … 30ml
- 塩、ブラックペッパー … 各適量
- チャービル … 少々

作り方

1 玉ねぎに塩をまぶして軽くもみ、ざるに入れて流水で洗い、辛みを抜く。

2 ボウルにレモン汁と塩少々を入れ、オイルを少量ずつ加えながら泡立て器でよく混ぜる。水気をきった1を加えて混ぜる。

3 まぐろ、アボカド、ブラックオリーブを2に加えてあえ、器に盛り、ブラックペッパーを散らしてチャービルを飾る。

MEMO

玉ねぎにまぶす塩の量は、ひとつまみかふたつまみでOK。塩もみして、水分と一緒に辛みを抜く。

ミキサーいらずがうれしい！
残り野菜のポタージュ

材料（2人分）

- 玉ねぎ、にんじん、じゃがいもなど
  … 各1/2個
- 牛乳 … 180mℓ
- バター … 20g
- 塩、オリーブオイル … 各適量

野菜を炒めてから煮る。
だから味が濃い！

作り方

1 じゃがいもはゆでて皮を
むき、すりおろす。玉ね
ぎとにんじんは生のまます
りおろす。

2 鍋にオイルをひいて**1**を入
れ、混ぜながら焼き色を
つけないように水分をと
ばす。水分がとんだら牛
乳を加え、7〜8分ほど煮
込む。

3 塩で調味して火を止め、
バターを加えて余熱で溶
かし、器に盛ってオイルを
たらす。

memo

すりおろせばミキサーいら
ず。じゃがいもは生のまま
すりおろすと変色するの
で、ゆでておく。

味つけは塩と牛乳だけ
基本のポテトサラダ

シンプルだから、

肉や魚料理のつけ合わせに◎

材料（作りやすい分量）

- じゃがいも … 3個
- 塩 … じゃがいもの重さの0.7%
- 牛乳 … じゃがいもの重さの10%
- 粉チーズ、ブラックペッパー、
  イタリアンパセリ（みじん切り）
  … 各適量

作り方

1 じゃがいもは皮つきのまま、たっぷりの水からゆでる。竹串がすっと刺さるくらい柔らかくなったら取り出し、熱いうちに皮をむく。

2 1の重さをはかり、ボウルに入れて熱いうちにマッシャーなどでつぶす。

3 2ではかった重さの0.7%の塩と10%の牛乳を加え、混ぜ合わせる。

4 器に盛り、お好みで粉チーズ、ブラックペッパー、パセリを散らす。

memo

じゃがいもは個体差があるので、ゆでて皮をむいてから重さをはかる。また、冷めてからつぶすとネチッとした食感になるため、必ず熱いうちにつぶして。

Arrange 1

イタリアンポテトサラダ

材料（作りやすい分量）

- 基本のポテトサラダ（P98）… 200g
- ベーコン（粗みじん切り）… 20g
- セミドライトマト（粗く刻む）… 3粒分
- ブラックオリーブ（粗く刻む）… 2粒
- ケーパー … 8粒
- 粉チーズ … 30g
- ブラックペッパー … 適量

作り方

1 熱したフライパンにベーコンを入れ、カリッとするまでソテーし、粗熱をとる。

2 ボウルにブラックペッパー以外の材料と**1**を入れて混ぜ合わせる。

3 器に盛り、粉チーズ(分量外)とブラックペッパーを散らす。

Arrange 2

ポテサラスノーボール

材料（作りやすい分量）

- 基本のポテトサラダ … 200g
- きゅうり（薄切り）… 1/3本
- にんじん（薄切り）… 1/4本
- 玉ねぎ（みじん切り）… 1/6個
- マヨネーズ … 20g
- 粉チーズ、チャービル … 各適量

作り方

1 ボウルに粉チーズとチャービル以外の材料を入れ、混ぜ合わせる。

2 **1**をピンポン玉程度の大きさに分け、ラップで包んで丸く成型する。

3 ラップをはずし、ポテトサラダのまわりに粉チーズをまぶす。器に盛り、チャービルを添える。

乳製品好きにはたまらない一品！

100

中はし～っとり
パンとモッツァレラのカリカリ焼き

材料（2人分）

- バゲット（2cm厚さ）… 4切れ
- 溶けるチーズ（モッツァレラチーズなど）
  … 80g
- 粉チーズ … 30g
- 卵 … 1 ～ 2個
- バター … 10g
- オリーブオイル … 10mℓ
- 塩 … 適量

作り方

1 ボウルに卵を溶きほぐして塩を混ぜ、バゲットを浸す。

2 1に溶けるチーズをのせ、底と側面に粉チーズをまぶす。

3 フライパンにバターを溶かしてオイルも入れ、2を並べてごく弱火で焼く。カリッと焼けたら、チーズを内側にして重ねる。

MEMO
チーズは一般的なピザ用チーズでもOK。スライスチーズでもよい。

大満足のかEめのプリンE
濃厚イタリアンプリン

材料（作りやすい分量）

- マスカルポーネチーズ … 100g
- 卵 … 3個
- ┌ グラニュー糖 … 80g
- A 牛乳 … 100mℓ
- └ 生クリーム … 200mℓ
- 板ゼラチン … 3g
- バニラオイル … 少々
- コアントロー … 15mℓ

【カラメル】
- グラニュー糖 … 50g
- 水 … 25mℓ

- ミント … 適量

下準備

・ゼラチンは氷水で
　ふやかしておく。
・卵は静かに
　溶きほぐしておく。
・オーブンを130℃に
　予熱する。

作り方

1 カラメルを作る。小鍋にグラニュー糖を入れて弱火にかけ、砂糖を溶かす。水を加えて色止めをし、型に流して冷ます。

2 ボウルにマスカルポーネチーズを入れ、溶き卵を加えて混ぜる。

3 小鍋にAを入れ、グラニュー糖が溶けるまで温める。水気をきったゼラチンを加え、よく混ぜて溶かす。

4 3を数回に分けて2に加え、そのつど混ぜる。バニラオイル、コアントローも加えて混ぜ、ざるなどでこしながら1に流し入れる。

5 型より大きなバットに4を入れ、水を型の半分ぐらいまでバットに注ぎ、130℃のオーブンで1時間、湯せん焼きにする。粗熱をとって冷蔵庫で冷やす。

6 型から静かに取り出して切り分け、器に盛り、ミントを添える。(325作)

MEMO

カラメルは焦がしやすいので、加熱するときは必ず弱火で。細かい泡がフワッと上がり、それが落ち着いてくるタイミングで水を入れるとよい。

カラメルソースでより味わい深く

「ホロッ」「さくっ」がくせになる
スノーボールクッキー

材料（作りやすい分量）

- 薄力粉 … 75g
- 片栗粉 … 50g
- くるみ … 7g
- バター … 40g
- オリーブオイル … 20mℓ
- グラニュー糖 … 30g
- 粉糖（仕上げ用）… 適量

下準備

- 薄力粉と片栗粉はふるっておく。
- バターは室温に戻す。
- 170℃に温めたオーブンで、くるみを5〜10分焼き、粗熱がとれたら刻む。

作り方

1 ボウルにバター、オイル、グラニュー糖を入れ、ざらつきがなくなって白っぽくなるまで泡立て器で混ぜる。

2 ふるった粉類を加えてゴムべらで切るように混ぜ、8割ほど混ざったら、くるみを加えてさらに混ぜる（混ぜすぎないこと）。

3 生地がなじんだら2cm大ぐらいに丸め、オーブン用シートを敷いた天板に間隔をあけて並べ、170℃で15〜18分焼く。

4 粗熱がとれたら、粉糖を入れたポリ袋に加えてまぶす。（まつこ作）

MEMO

生地を混ぜすぎないことが大切。仕上げの粉糖は、焼きたてにつけると溶けるので、冷めてからつける。

口に入れるとホロッとして香ばしい

簡単なのにリッチな生チョコ風
チョコレートサラミ

材料（作りやすい分量）

- ●板チョコ（刻む）… 100 g
- ●生クリーム … 60㎖
- ●ミックスナッツ（細かく刻む）… 30 g
- ●ビスケット（砕く）… 20 g
- ●マシュマロ（細かく切る）… 20 g
- ●ココアパウダー、または粉糖 … 適量

作り方

1 小鍋に生クリームを入れて沸騰直前まで温める。火を止めて板チョコを加え、ゴムべらでツヤが出るまでよく混ぜる。

2 1にナッツ、ビスケット、マシュマロの順に加え、混ぜながらある程度冷ます。

3 ラップを大きめに切って広げ、2をあける。包んで筒状に形を整え、冷蔵庫で冷やし固める。

4 固まったら、ラップをはずしてココアパウダーや粉糖をまぶし、好みの大きさに切り分ける。（まつこ作）

memo

具は好みのものを加えてOK。ドライフルーツなどもおすすめ。

板チョコから手軽に作れます！

混ぜて固めるだけ！
自家製ソースのパンナコッタ

材料（作りやすい分量）

- 生クリーム … 330㎖
- グラニュー糖 … 40g
- バニラ(棒) … 1/6本
- 板ゼラチン … 3g

【ベリーソース】
- 冷凍ミックスベリー … 100g
- グラニュー糖 … 10g

下準備

・板ゼラチンは氷水につけてふやかしておく。

作り方

1 ベリーソースを作る。小鍋にミックスベリーとグラニュー糖を入れて弱火にかけ、グラニュー糖を溶かす。食感を残したい場合はそのまま冷まし、なめらかにしたい場合は粗熱をとってミキサーでかくはんし、こす。

2 パンナコッタは、小鍋に生クリーム、グラニュー糖、バニラを入れて火にかけ、グラニュー糖が溶けたら火から下ろす。

3 板ゼラチンの水気をきり、**2**に加えてよく混ぜる。ざるなどでこし、ボウルの底を氷水にあてて冷やす。

4 **3**をカップなどに流し入れ、冷蔵庫で冷やし固める。食べるときにベリーソースをかける。（325 作）

MEMO

ゼラチンは水が温かすぎると溶けてしまうので、ふやかすときは、たっぷりの冷水や氷水を使って。

バニラを使って本格的に!

食感はとろけるように軽やか
メレンゲアイス

卵白が残ったときはコレ!

材料（2人分）

- 生クリーム … 200mℓ
- バニラエッセンス … 15滴
- A ┌ 卵白 … 100g
  └ グラニュー糖 … 60g

作り方

1 生クリームをボウルに入れ、6〜7分立てに泡立て、バニラエッセンスを加える。

2 別のボウルにAを入れ、グラニュー糖が溶けるまでよく泡立てる。

3 1に2を加え、なるべく泡をつぶさないようにゴムべらで混ぜる。容器に流し入れ、冷凍庫で5時間冷やし固める。（325作）

memo

せっかく立てた泡をつぶさないことが大切。混ぜるときはゴムべらで切るように。

おわりに

　YouTubeを楽しみにしてくれているみなさん、いつも店に来てくれるお客様、そして、とても頼りになる店のスタッフのおかげで、料理も、動画の配信も楽しく続けることができています。

　この本では50品の料理を紹介させてもらいましたが、いつも思うのは、おいしく作りたい、食べてもらう人に喜んでほしいと思って作れば、それが細部にまで影響するということ。もしも大切な人のために料理を作り、喜んでもらったときのことを覚えていれば、次に同じものを作るときに、それが単なる作業ではなくなります。同じことをするのにも思いが入り、きっと仕上がりに表れます。

　急に料理の技術が上達することはないかもしれませんが、「少し硬めが好きかな」「塩分を控えたほうがいいかも」など、食べる人のことを考えながら作ってみてください。食材も工程も少ない今回のレシピなら、腕前も試しやすいと思います。試してみたら、YouTubeやInstagramなどで感想を聞かせてくださいね。

Chef Ropia 小林諭史

小林諭史（こばやしあきふみ）

長野にあるイタリアンレストラン「リストランテフローリア」オーナーシェフ。仕事の傍ら、イタリア料理の美味しさ、楽しさを伝えるべく始めたYouTubeチャンネル「Chef Ropia」が、チャンネル登録者数43万人超と大人気。本書で、フライパンひとつだけで作るとっておきの「ワンパンパスタ」のレシピを30品初公開。基本の塩、こしょうだけで、素材そのもののうまみを引き出し、家庭でも気軽に作れる本格的なイタリアンのレシピに、男女を問わずファンが多い。

YouTube：Chef Ropia
Twitter：@ropia515
Instagram：@chef_ropia

フライパンだけで完成！ ほぼ15分でプロの味！
めんどうな日でも作りたくなる極上パスタ

2020年10月28日　初版発行
2023年 3 月15日　 7 版発行

著者／小林 諭史
発行者／山下直久
発行／株式会社KADOKAWA
〒102-8177　東京都千代田区富士見2-13-3
電話0570-002-301（ナビダイヤル）

印刷所／凸版印刷株式会社